Apéritifs du soleil
& autres Mezzé

Rena Salaman

Albums
LAROUSSE

Sommaire

Convivialité, diversité et plaisir des sens

Le mot « apéritif » évoque la fête et des réjouissances. Les mezzés sont une forme particulière de l'apéritif. Ils font partie de la culture des pays méditerranéens, et plus spécialement du Moyen-Orient (bien que les tapas espagnols soient leurs proches parents). Ils incarnent l'esprit d'hospitalité si important dans ces pays.

Un mezzé peut être un simple apéritif ou un repas complet. En Grèce, il peut consister en une assiette d'olives, de quelques anchois salés ou de cubes de feta arrosés d'huile d'olive en accompagnement d'un verre d'ouzo. On l'appelle alors *mezethaki*.

Chaque mezzé est différent selon les circonstances : plus l'événement est important et plus les convives sont nombreux, plus les plats sont élaborés. Au Liban, il peut même devenir un fastueux banquet. Une fois qu'on y a goûté, comment oublier l'hoummous, le taboulé, les extraordinaires petites bouchées, le *kibbeh*, les brochettes ? Dans le labyrinthe du marché central de Beyrouth, parmi les montagnes de fruits et de légumes colorés, il est difficile de résister aux *falafel* dorés et aux succulentes brochettes d'agneau ou de poulet.

Vous trouverez dans cet ouvrage toutes les façons de préparer et de servir ces petits plats qui donneront à vos buffets, apéritifs et repas familiaux un petit air de vacances et un délicieux goût d'ailleurs.

À propos des recettes

Les cuillerées sont rases.

Sauf indication contraire, les œufs sont de grosseur moyenne.

Les recettes contenant des œufs crus ou peu cuits, du poisson cru ou des crustacés ne doivent pas être servies aux jeunes enfants, aux personnes âgées, aux personnes possédant un système immunitaire déficient, aux femmes enceintes.

Htipiti signifie « battu » et *tyri* « fromage » – c'est pourquoi *tyrohtipiti* désigne un fromage battu. Il est originaire de la ville de Thessalonique, mais se déguste dans toute la Grèce. Sa couleur varie selon le type de poivrons et la puissance des piments utilisés. À Vólos, elle va du rose au rouge, à Thessalonique, le *htipiti* est vert (comme ci-contre).

Dip de feta aux piments [Htipiti ou tyrohtipiti]

POUR 6 PERSONNES

> 2 piments verts frais
> 1 gros poivron rouge ou vert
> 250 g de feta coupée en grosses tranches
> 4 cuill. à soupe d'huile d'olive
> jus de 1 citron
> 3-4 cuill. à soupe de lait
> 1 cuill. à café de piment rouge sec émietté (du type boukovo grec)
> 1 cuill. à soupe de persil plat finement haché
> poivre noir du moulin

En accompagnement

> pain grillé ou crudités

> une brochette en métal

Enfilez les piments sur une brochette en métal et mettez-les sur la flamme du gaz (à petit feu) ou sur un barbecue. Faites-les griller en les retournant et en faisant brûler la peau. Faites de même avec le poivron jusqu'à ce que la chair soit tendre. Cette opération est plus longue pour le poivron. Réservez et laissez tiédir.

Épépinez et pelez les piments et le poivron. Essuyez délicatement les parties noires avec du papier absorbant.

Dans un mixeur, réunissez les piments, le poivron, la feta, l'huile d'olive, le jus de citron, le lait et du poivre. Réduisez-les en purée crémeuse. Rajoutez un peu de lait si la purée est trop ferme.

Versez le dip dans un plat creux, saupoudrez de piment et de persil. Mettez au frais. Servez avec du pain grillé ou des crudités.

L'hoummous est présent sur toutes les tables libanaises de mezzé, de Beyrouth à Djebail. On le sert simplement avec du pain pita grillé, ou avec des brochettes ou du coquelet rôti à l'ail.

Hoummous épicé

POUR 6 PERSONNES

> 175 g de pois chiches secs ayant trempé 12 heures dans de l'eau froide ou 800 g de pois chiches en boîte
> 2 cuill. à soupe de tahin (pâte à base de graines de sésame pilées)
> 2 gousses d'ail hachées
> jus de 1-2 citrons
> 1 cuill. à soupe de cumin en poudre
> 2 cuill. à soupe d'huile d'olive
> 30 cl de liquide de cuisson des pois chiches
> sel et poivre du moulin

En accompagnement

> 1 cuill. à soupe d'huile d'olive
> 1 cuill. à soupe de coriandre hachée
> pain pita ou triangles de pain grillé

Égouttez et rincez les pois chiches, puis mettez-les dans une casserole. Couvrez d'eau, portez à ébullition et écumez jusqu'à ce que l'eau soit claire. Laissez cuire à couvert environ 1 heure, jusqu'à ce que les pois chiches soient tendres. Vous pouvez les cuire à l'autocuiseur en suivant les instructions du fabricant (environ 20 minutes de cuisson).

Égouttez les pois chiches en réservant le liquide de cuisson. Si vous utilisez des pois chiches en boîte, égouttez-les, jetez le jus et ajoutez environ 2 cuillerées à soupe d'eau dans le mixeur.

Si le tahin s'est dissocié, remuez-le pour le mélanger. Partagez tous les ingrédients en deux, mettez une première partie dans le mixeur et mixez rapidement. Le mélange doit rester grossier, sans être trop ferme. Goûtez, rectifiez l'assaisonnement et mixez de nouveau brièvement. Mettez l'hoummous dans un bol et faites de même pour la seconde moitié des ingrédients.

Arrosez d'un filet d'huile d'olive et saupoudrez de coriandre. Servez à température ambiante avec du pain pita ou des triangles de pain grillé. En été, l'hoummous est meilleur un peu frais.

Mousse d'œufs de cabillaud [Taramosalata]

POUR 6 PERSONNES

> 200 g d'œufs de cabillaud fumés
> 4 tranches moyennes de pain rassis, sans la croûte
> jus de 1 citron
> 12 cl d'huile d'olive

En accompagnement

> 1 cuill. à soupe de persil plat finement haché
> 4-5 olives noires
> pain grillé ou crudités

Si vous utilisez des œufs de cabillaud fumés frais, ôtez la membrane et jetez-la.

Faites tremper le pain dans un bol d'eau froide pendant 15 minutes, égouttez-le et pressez-le pour éliminer l'excédent d'eau. Mettez-le dans un mixeur. Ajoutez les œufs de poisson, le jus de citron, mettez le mixeur en marche et versez l'huile en filet jusqu'à obtenir une masse crémeuse. Goûtez le mélange. S'il est trop puissant, ajoutez un peu de pain ou d'huile d'olive selon votre préférence. Déposez la mousse dans une assiette, couvrez de film étirable et mettez un moment au frais.

Parsemez de persil et garnissez avec les olives. Servez avec du pain grillé ou des crudités.

Crème de noix et de poivron [Muhammara]

POUR 6 PERSONNES

> 150 g de noix décortiquées
> 4 tranches moyennes de pain
> 3 poivrons rouges épépinés
> 2 gousses d'ail écrasées
> zeste et jus de 1 citron
> 2 cuill. à soupe de sirop de grenade
> 1 piment vert épépiné
> 5 cuill. à soupe d'huile d'olive
> 1 petit bouquet de persil plat haché (3 brins réservés pour décorer)
> 1 poignée de feuilles de menthe
> sel

En accompagnement

> 1 poignée de graines de grenade
> pain pita ou crudités

Préchauffez le four à 150 °C (therm. 5). Étalez les noix sur une plaque et faites-les griller au four pendant 10 minutes.

Faites griller le pain et retirez la croûte. Dans un mixeur, réunissez la mie de pain et les noix, puis réduisez-les en miettes.

Hachez les poivrons, ajoutez-les au mélange, puis l'ail, le zeste et le jus de citron, le sirop de grenade, le piment et du sel. Mixez le tout en crème onctueuse. Tout en mixant, versez l'huile d'olive en filet et ajoutez le persil. Couvrez de film étirable et mettez un moment au frais.

Versez la crème dans un bol, parsemez-la de graines de grenade et décorez avec les brins de persil. Servez avec du pain pita ou des crudités.

L'aubergine occupe une place de choix dans les mezzé. Elle se sert en lanières, grillée au barbecue ou en salade avec d'autres ingrédients. Frite, elle accompagne le *tzatziki* (recette page 14), cuisinée, elle entre dans la composition de plats sophistiqués comme l'*imam bayildi* (recette page 36). Le *baba ghanoush* est un classique du Moyen-Orient, riche et appétissant.

Salade à la purée d'aubergine [Baba ghanoush]

POUR 6 PERSONNES

> 3 grosses aubergines (environ 900 g) lavées et séchées
> 2 cuill. à soupe de tahin (pâte à base de graines de sésame pilées)
> 2 gousses d'ail écrasées
> jus de 1 citron
> sel et poivre du moulin

En accompagnement

> 1 cuill. à soupe d'huile d'olive
> 2 cuill. à soupe de persil plat finement haché
> 3 cuill. à soupe de graines de grenade

Préchauffez le four à 180 °C (therm. 6).

Piquez les aubergines avec une fourchette pour éviter qu'elles n'éclatent et posez-les sur une plaque. Faites-les cuire un peu moins de 1 heure en les retournant de temps en temps.

Retirez-les du four et mettez-les directement sur la flamme du gaz, à feu doux (portez des gants et tenez les aubergines par le pédoncule), pendant 2 ou 3 minutes. Retournez-les au fur et à mesure qu'elles prennent de la couleur. Cette opération est un peu délicate, mais elle donne aux aubergines leur inimitable goût fumé.

Laissez les aubergines refroidir suffisamment pour pouvoir les manipuler. Ouvrez-les en deux et prélevez leur pulpe à l'aide d'une cuillère. Faites-la égoutter dans une passoire en pressant légèrement pour chasser le jus. Mettez la pulpe dans le mixeur avec le reste des ingrédients et réduisez-la rapidement en une purée grossière. Goûtez et rectifiez l'assaisonnement.

Étalez la purée dans un plat et arrosez-la d'huile d'olive. Parsemez de persil, de graines de grenade et servez.

Sauce au concombre et au yaourt [Tzatziki]

POUR 6 PERSONNES

> 200 g de yaourt à la grecque nature
> 1 tronçon de concombre (environ 12 cm de long) pelé et grossièrement râpé
> 1 gousse d'ail écrasée
> 1 cuill. à soupe d'huile d'olive
> 1/2 cuill. à café de vinaigre de vin rouge
> 1 cuill. à soupe de menthe finement hachée
> sel

Versez le yaourt dans un bol et ajoutez le concombre, l'ail, l'huile d'olive, le vinaigre, la menthe et du sel. Mélangez avec une fourchette, couvrez de film étirable et mettez au frais.

Servez le *tzatziki* en accompagnement de viande ou de légumes au barbecue, ou de *tyropitta alonnisou* (recette page 28).

Dégustez aussi la sauce avec des légumes frits. Pour cela, coupez 2 aubergines en fines rondelles et 2 courgettes en tranches dans le sens de la longueur. Dans une poêle, versez de l'huile de tournesol ou d'arachide sur une hauteur de 3 cm et faites chauffer à feu vif. En procédant par portions, enrobez les légumes de farine et faites-les frire sur les deux faces. Retirez-les de la poêle et posez-les sur du papier absorbant.

Sauce libanaise au tahin [Tarator]

POUR 6 PERSONNES

> 5 cuill. à soupe de tahin (pâte à base de graines de sésame pilées)
> 1 cuill. à café de cumin en poudre
> 2 gousses d'ail écrasées
> jus de 1 citron et demi
> 10 cl d'eau chaude
> 3 cuill. à soupe de persil plat finement haché
> sel

Mélangez le tahin s'il s'est dissocié. Dans un mixeur, réunissez le tahin, le cumin, l'ail, la moitié du jus de citron, l'eau et du sel. Réduisez le tout en une pâte épaisse, crémeuse et lisse.

Goûtez et ajoutez du jus de citron selon votre goût.

Versez la sauce dans un bol, ajoutez le persil en mélangeant et servez.

Au Liban, le *tarator* est aussi populaire que le *tzatziki* en Grèce. On le sert avec le poisson. Dilué, il devient une sauce pour salades.

En Grèce, l'été ne s'imagine pas sans *horiatiki salata*, qui peut constituer à elle seule un repas. *Horiatiki* signifie « salade campagnarde ». Délicieuse quand on la prépare avec des tomates bien mûres et une bonne huile d'olive, elle accompagne aussi les brochettes, les légumes frits et les tourtes au fromage.

Salade aux tomates, concombre, oignons et feta [Horiatiki salata]

POUR 6 PERSONNES

> 400 g de tomates bien mûres
> 1 petit oignon rouge finement émincé
> 1 poivron vert épépiné coupé en fines lanières
> 1 tronçon de concombre (environ 10 cm de long) coupé en fines tranches
> 150 g de feta émiettée
> 6-8 olives noires ou vertes
> 5-6 cuill. à soupe d'huile d'olive
> 1 bonne pincée d'origan
> sel et poivre du moulin

Coupez les tomates en quartiers et enlevez les parties vertes. Détaillez-les en morceaux plus petits et mettez-les dans un bol.

Ajoutez l'oignon, le poivron, le concombre, la feta, les olives, l'huile d'olive, l'origan, du sel et du poivre. Mélangez bien pour enrober les légumes d'huile et d'origan.

Réservez à température ambiante pendant au moins 30 minutes avant de servir.

Le taboulé est une salade très aromatique où le vert domine. La proportion entre herbes et boulgour est capitale. Hachez les herbes à la main, plutôt qu'au mixeur.

Taboulé libanais [Tabbouleh]

POUR 6 PERSONNES

> 85 g de boulgour moyen (blé concassé)
> 200 g de persil plat sans les grosses tiges
> 1 petit bouquet de menthe haché
> 1 tronçon de concombre (environ 10 cm de long) pelé et coupé en dés
> 1 oignon rouge ou 4 ciboulettes, finement hachés
> 2 tomates (environ 250 g) pelées et coupées en dés
> 1/2 poivron vert épépiné et coupé en dés

Pour la vinaigrette

> jus de 1-2 citrons
> 4-5 cuill. à soupe d'huile d'olive
> 1 bonne pincée de quatre-épices
> sel et poivre du moulin

En accompagnement

> feuilles de laitue ou de vigne (facultatif)

Versez le boulgour dans une passoire fine et rincez-le sous l'eau froide. Mettez-le dans un bol et laissez-le tremper dans de l'eau chaude pendant 20 minutes. Égouttez-le et séchez-le en le tapotant dans une serviette pour éliminer l'excédent d'eau. Déposez le boulgour dans un saladier.

Hachez grossièrement le persil et ajoutez-le au boulgour, ainsi que la menthe, le concombre, l'oignon, les tomates et le poivron. Mélangez bien. Couvrez de film étirable et mettez au frais.

Avant de servir, préparez la vinaigrette. Réunissez dans un bol la moitié du jus de citron, l'huile d'olive, le quatre-épices. Salez, poivrez et battez légèrement. Versez sur le taboulé et mélangez bien.

Goûtez et rectifiez l'assaisonnement en ajoutant du jus de citron, si nécessaire (la saveur acidulée met la salade en valeur). Tapissez un plat de feuilles de laitue ou de vigne (le cas échéant) et disposez dessus un monticule de taboulé.

Voici la salade d'hiver par excellence. En octobre, vous la trouverez sur chaque table grecque. Son secret réside dans la finesse des lanières de chou. Ici, elle est enrichie de dés de fromage et de graines de grenade.

Salade au chou et aux graines de grenade

[Lahanosalata me rothi]

POUR 6 PERSONNES

> 1 chou blanc
> 1 grenade
> 2 carottes pelées et râpées
> 2-3 cuill. à soupe de persil plat finement haché
> 100 g de feta coupée en dés
> 6-8 olives noires ou vertes

Pour la vinaigrette

> 6 cuill. à soupe d'huile d'olive
> jus de 1 citron
> 1 gousse d'ail écrasée
> sel

Éliminez les feuilles extérieures du chou. Coupez-le en quartiers et supprimez les parties dures. Posez chaque quartier sur une face et découpez des lanières aussi fines que possible. Arrêtez-vous lorsque vous atteignez la partie centrale.

Coupez la grenade en quartiers et prélevez délicatement les graines avec leur jus au-dessus d'une assiette.

Dans un saladier, réunissez le chou, les graines et le jus de grenade, les carottes, le persil, la feta, les olives. Mélangez intimement.

Pour la vinaigrette, battez ensemble dans un bol l'huile d'olive, le jus de citron, l'ail et du sel. Versez le tout sur la salade, remuez pour enrober tous les ingrédients et servez.

Le *saganaki* tire son nom de la poêle à deux poignées dans laquelle on sert le fromage frit et chaud. On utilise traditionnellement le *kefalotyri*, un fromage grec salé et parfumé. Vous pouvez le remplacer par un fromage chypriote, le *haloumi*, ou tout fromage à la saveur forte, qui ne fond pas pendant la cuisson.

Fromage frit [Saganaki]

POUR 6 PERSONNES

> 12 tranches de kefalotyri ou de haloumi, de 1 cm d'épaisseur
> 3 cuill. à soupe de farine
> 3-4 cuill. à soupe d'huile d'olive ou d'arachide

En accompagnement

> 1 cuill. à soupe de persil plat finement haché
> 2 citrons coupés en quartiers
> poivre noir du moulin

Enrobez les tranches de fromage de farine et secouez-les pour éliminer l'excédent.

Dans une poêle antiadhésive, chauffez la moitié de l'huile d'olive et mettez-y 6 tranches sur une seule épaisseur. Faites-les dorer pendant 1 minute environ, puis retournez-les et faites de même pour l'autre face. Déposez-les sur une double épaisseur de papier absorbant pour éliminer l'excédent de matières grasses.

Faites chauffer l'autre moitié d'huile d'olive dans la poêle et recommencez la même opération.

Disposez les tranches sur un plat, donnez quelques tours de moulin à poivre, parsemez de persil et ajoutez les quartiers de citron. Servez aussitôt.

Les *sambusak* sont des petits chaussons sucrés-salés aux arômes délicats. Traditionnellement frits, ils peuvent aussi être cuits au four.

Chaussons épicés à la viande [Sambusak]

POUR ENVIRON 30 PERSONNES

Pour la pâte

> 175 g de farine
> 1/2 cuill. à café de sel
> 2 cuill. à soupe d'huile d'olive
> 10 cl d'eau
> 1 jaune d'œuf légèrement battu

Pour la farce

> 3-4 cuill. à soupe d'huile d'olive
> 1 gros oignon finement émincé
> 200 g d'agneau maigre haché
> 1 cuill. à café de quatre-épices
> 1 cuill. à café de cumin en poudre
> 1 bonne pincée de cannelle en poudre
> jus de 1 citron
> 3 cuill. à soupe de raisins secs rincés
> 15 cl d'eau chaude
> 3 cuill. à soupe de feuilles de menthe hachées
> 2 cuill. à soupe de pignons de pin grillés à sec
> sel et poivre noir du moulin

> un emporte-pièce rond de 8 cm de diamètre
> une plaque à four huilée

Pour faire la pâte, tamisez la farine et le sel dans un saladier. Faites un puits au centre, ajoutez l'huile et mélangez du bout des doigts. Versez l'eau et pétrissez jusqu'à obtenir une pâte lisse. Couvrez de film étirable et laissez reposer 30 minutes.

Préparez la farce. Dans une poêle, mettez à chauffer l'huile et faites blondir l'oignon 10 minutes environ. Augmentez le feu, ajoutez la viande, écrasez-la à la fourchette et faites-la revenir. Incorporez le quatre-épices, le cumin, la cannelle, salez, poivrez. Laissez dorer 2 ou 3 minutes. Ajoutez le jus de citron, les raisins, l'eau chaude, couvrez et laissez cuire 20 minutes : la farce doit devenir sèche. Ajoutez la menthe, les pignons de pin et réservez.

Divisez la pâte en deux. Posez une moitié sur une surface légèrement farinée et étalez-la en un cercle de 30 cm de diamètre en la retournant souvent. Découpez des disques avec l'emporte-pièce. Récupérez les chutes et pétrissez-les avec la seconde moitié de pâte. Répétez l'opération.

Posez un bol d'eau froide à côté de vous. Déposez 1 cuillerée de farce au centre d'un disque de pâte, trempez un doigt dans l'eau froide et passez-le sur les bords du disque. Repliez la pâte en forme de demi-lune. Appuyez sur les bords pour les souder et posez le chausson sur la plaque à four. Procédez de même pour tous les disques.

Préchauffez le four à 200 °C (therm. 6-7). Badigeonnez les chaussons avec le jaune d'œuf et enfournez pendant 10 à 12 minutes pour les faire dorer.

Les chaussons et les feuilletés font partie de la tradition culinaire grecque. Chaque village et chaque île en possèdent leur propre version, les ingrédients dépendant de la production locale. Les feuilletés aux épinards sont les plus connus.

Feuilletés aux épinards [Spanakotyropitta]

POUR ENVIRON 12 PIÈCES

> 400 g de pâte filo fraîche ou décongelée
> 150 g de beurre

Pour la farce

> 500 g d'épinards lavés
> 4 cuill. à soupe d'huile d'olive
> 1 gros oignon finement émincé
> 4-5 cives ou oignons nouveaux, nettoyés et grossièrement hachés
> 4 œufs
> 250 g de feta émiettée
> 90 g d'aneth finement haché
> 3-4 cuill. à soupe de persil plat finement haché
> 4 cuill. à soupe de lait
> sel et poivre noir du moulin

> une plaque à four de 35 x 30 cm

Pour préparer la farce, faites cuire les épinards 5 ou 6 minutes à grande eau, à couvert et à feu doux. Égouttez-les avec soin. Essuyez la casserole, versez l'huile d'olive et faites fondre doucement l'oignon et les cives. Ajoutez les épinards, salez et poivrez, et faites revenir 4 ou 5 minutes. Laissez refroidir un peu. Battez les œufs dans un saladier, ajoutez la feta, l'aneth, le persil, le lait, les épinards et mélangez bien.

Préchauffez le four à 190 °C (therm. 6-7).

Déroulez délicatement la pâte. À l'aide d'un pinceau, badigeonnez la plaque à four avec le beurre fondu et chaud, puis beurrez aussi la première feuille de pâte. Déposez-la sur la plaque en la laissant déborder, si nécessaire, sur les côtés (la pâte rétrécit à la cuisson). Procédez ainsi avec la moitié de la pâte en alternant les endroits où vous la laissez déborder. Étalez la farce régulièrement sur les feuilles de pâte et rabattez les bords. Posez dessus le reste de pâte en badigeonnant chaque feuille de beurre fondu.

Pour finir, badigeonnez généreusement la dernière feuille de pâte. Avec un couteau pointu, incisez les feuilles supérieures en losanges ou carrés, sans atteindre la farce. Du bout des doigts, aspergez d'un peu d'eau froide pour empêcher la pâte de friser.

Enfournez pendant 50 minutes, jusqu'à obtenir une belle couleur dorée (l'intérieur doit rester légèrement humide). Coupez délicatement et servez chaud ou à température ambiante.

Ces délicieux gâteaux au fromage font partie de la tradition culinaire de l'île d'Alonissos. Chaque restaurant les propose et ils sont le premier plat que les enfants apprennent à préparer. Dégustez-les brûlants, dès qu'ils sortent de la poêle.

Gâteau frit au fromage [Tyropitta alonnisou]

POUR 2 GÂTEAUX (6-12 PERSONNES)

> 250 g de farine
> 1 pincée de sel
> 4 cuill. à soupe d'huile d'olive + 6-7 pour frire
> 15 cl d'eau froide
> 220 g de feta

Tamisez la farine et le sel dans un saladier, ajoutez 2 cuillerées à soupe d'huile d'olive, l'eau et mélangez jusqu'à obtenir une pâte lisse et élastique. Posez-la sur une surface farinée, puis pétrissez-la et étirez-la avec la paume de la main pendant 5 minutes. Couvrez de film étirable et laissez reposer 30 minutes.

Divisez la pâte en deux. Étalez chaque part en un grand disque. Retournez la pâte régulièrement, saupoudrez de farine et continuez jusqu'à obtenir un disque fin de 60 cm de diamètre.

Émiettez la moitié de la feta sur le disque, arrosez avec 1 cuillerée à soupe d'huile. Enroulez les deux bords opposés du disque, à la manière de deux gros cigares, jusqu'à ce qu'ils se touchent au centre. Maintenez une extrémité d'une main et enroulez l'autre autour pour former un colimaçon.

Dans une grande poêle, chauffez l'huile à feu moyen. Soulevez le gâteau avec une spatule et glissez-le dans l'huile. Laissez dorer le dessous, retournez délicatement et faites frire le dessus. L'opération doit être rapide et ne durer que 6 ou 7 minutes. Ôtez le gâteau de la poêle et posez-le sur du papier absorbant. Faites de même un second *tyropitta*. Servez aussitôt.

Les *gigandes* (« géants » en grec) sont de gros haricots blancs charnus à la saveur douce, empilés en hauts monticules sur les étals des marchés découverts. On les appelle parfois *elephandes* (« éléphants »). Vous les trouverez dans les épiceries spécialisées en produits exotiques.

Haricots blancs à l'ail et aux tomates

[Gigandes]

POUR 6 PERSONNES

- > 400 g de gigandes ou de gros haricots blancs trempés 12 heures dans de l'eau froide
- > 15 cl d'huile d'olive
- > 500 g d'oignons hachés
- > 3 gousses d'ail finement émincées
- > 1 poivron rouge épépiné et coupé en dés
- > 1 branche de céleri nettoyée et émincée
- > 2 carottes finement émincées
- > 1 cuill. à café d'origan
- > 1 cuill. à café de thym
- > 400 g de tomates concassées en boîte
- > 2 cuill. à soupe de purée de tomate délayée dans 45 cl d'eau chaude
- > 1/2 cuill. à café de sucre
- > 4 cuill. à soupe de persil plat finement haché
- > sel et poivre du moulin

Rincez les haricots. Dans une casserole, couvrez-les d'eau froide et faites-les cuire en les gardant légèrement fermes pendant environ 30 minutes. Ne les laissez pas se désagréger. Égouttez-les et jetez l'eau de cuisson.

Préchauffez le four à 180 °C (therm. 6).

Dans une casserole, chauffez l'huile d'olive et faites blondir les oignons. Ajoutez l'ail et faites revenir 2 minutes. Ajoutez le poivron, le céleri, les carottes, l'origan, le thym et faites revenir 5 ou 6 minutes.

Incorporez les tomates, la purée de tomate, le sucre, couvrez et laissez cuire 10 minutes. Ajoutez les haricots, salez, poivrez et poursuivez encore la cuisson 15 minutes.

Saupoudrez de persil, remuez et versez dans une cocotte allant au four. Enfournez pour 30 minutes, jusqu'à ce que les haricots soient dorés.

Servez chaud ou à température ambiante. Vous pouvez préparer ce plat à l'avance et l'enfourner avant de passer à table.

Les *falafel* sont des petites galettes de purée de pois chiches que l'on fait frire dans de l'huile. Fraîchement cuits, ils sont délicieux avec de l'hoummous (recette page 8), du *tzatziki* ou du *tarator* (recettes page 14) et une salade comme la *lahanosalata me rothi* (recette page 20).

Galettes de pois chiches [Falafel]

POUR ENVIRON 20 PIÈCES

> 250 g de pois chiches trempés 12 heures dans de l'eau froide
> 400 g d'oignons grossièrement hachés
> 2 gousses d'ail écrasées
> 1 cuill. à soupe de cumin en poudre
> 1 cuill. à soupe de coriandre en poudre
> 1 cuill. à café de quatre-épices
> 1/4 de cuill. à café de piment de Cayenne
> 1/4 de cuill. à café de levure en poudre
> 1 bouquet de persil
> 1 poignée de coriandre fraîche
> huile d'arachide ou de tournesol pour frire

Égouttez et rincez les pois chiches. Dans un mixeur, réunissez les pois chiches, les oignons, l'ail, le cumin, la coriandre en poudre, le quatre-épices, le piment de Cayenne et la levure. Réduisez en pâte légèrement granuleuse.

Ajoutez le persil et la coriandre fraîche, et mettez rapidement en marche, sans hacher les herbes trop finement. Travaillez en plusieurs fois, si nécessaire. Mettez le mélange dans un bol et laissez reposer 1 heure.

Prélevez 1 cuillerée à soupe de pâte, formez une galette de 5 ou 6 cm de diamètre et poursuivez jusqu'à épuisement de la pâte.

Avant de servir, versez 1 cm d'huile d'arachide dans une poêle, chauffez-la et faites dorer les galettes sur les deux faces et sur une seule couche. Retirez-les avec une écumoire et déposez-les sur du papier absorbant.

Servez les *falafel* chauds ou à température ambiante.

Bien que simple et frugal, le *fava* est servi dans les plus grands restaurants. Il fait partie des menus grecs depuis plusieurs milliers d'années : selon Aristophane, une préparation analogue était populaire dans la Grèce antique. C'est donc un grand classique. Les *fava* grecs ressemblent aux pois cassés jaunes, mais ils ont une saveur plus sucrée.

Purée de pois cassés jaunes [Fava]

POUR 6 PERSONNES

> 300 g de fava ou de pois cassés jaunes
> 2 oignons finement hachés
> 2 cuill. à soupe de câpres rincées
> 5-6 cuill. à soupe d'huile d'olive
> jus de 1 citron
> 4-6 olives noires
> sel et poivre du moulin

Faites tremper les pois cassés dans de l'eau froide pendant 1 ou 2 heures. Égouttez-les, rincez-les, mettez-les dans une casserole et couvrez de 2 litres d'eau. Portez à ébullition et écumez jusqu'à obtenir un liquide clair.

Ajoutez la moitié des oignons et laissez frémir à découvert au moins pendant 1 heure, jusqu'à ce que les pois cassés soient tendres. Remuez de temps en temps et ajoutez de l'eau si nécessaire. Salez lorsque les pois cassés ont la consistance d'une soupe épaisse.

Dans un mixeur, réduisez le mélange chaud en purée lisse et versez dans un plat, car la masse se solidifie en refroidissant.

Poivrez, parsemez de câpres et du reste des oignons, arrosez d'huile d'olive et de jus de citron. Garnissez avec les olives. Servez chaud ou à température ambiante.

Ce plat aux saveurs estivales est parfait pour les mezzé, car il est meilleur à température ambiante. Son nom turc, qui signifie l'« imam qui s'évanouit », vient du fait qu'un imam l'aurait tant apprécié qu'il en aurait perdu connaissance.

Aubergines à l'ail et aux tomates

[Imam bayildi]

POUR 6 PERSONNES

> 15 cl d'huile d'olive
> 3 aubergines (environ 800 g) lavées et coupées en deux dans la longueur
> sel et poivre du moulin

Pour la farce

> 2 oignons finement hachés
> 4 gousses d'ail finement hachées
> 1 cuill. à café de cumin en poudre
> 500 g de tomates concassées
> 1 cuill. à soupe d'origan
> 1/2 cuill. à café de sucre
> 15 cl d'eau
> 3 cuill. à soupe de persil plat haché
> 1 cuill. à soupe de purée de tomate délayée dans 15 cl d'eau chaude
> sel et poivre du moulin

Chauffez la moitié de l'huile d'olive dans une poêle, déposez 3 demi-aubergines et faites dorer 10 à 15 minutes sur les deux faces. Enlevez-les et déposez-les sur du papier absorbant. Recommencez pour les 3 autres. Placez-les côte à côte dans un plat allant au four, salez et poivrez.

Pour la farce, chauffez le reste d'huile dans une casserole et faites blondir les oignons. Ajoutez l'ail, le cumin et faites revenir 2 ou 3 minutes, puis incorporez les tomates, l'origan, le sucre et l'eau. Salez et poivrez. Faites cuire à couvert 15 minutes en remuant de temps en temps. Ajoutez le persil, remuez et divisez la farce en 6 portions égales.

Préchauffez le four à 190 °C (therm. 6-7).

Étalez la farce sur les aubergines et versez la purée de tomate. Enfournez le plat pendant 45 minutes en arrosant une fois au cours de la cuisson.

Servez chaud ou à température ambiante.

Ces délicieuses bouchées apéritif sont une spécialité de l'île d'Alonissos. Leur préparation est un peu longue, mais le résultat en vaut la peine. Faites-les en été avec des courgettes bien mûres. Servez avec une *horiatiki salata* (recette page 16) ou une salade de tomates et de roquette.

Beignets de courgette

[Kolokythokeftethes alonnisou]

POUR ENVIRON 15 PIÈCES

> 3 cuill. à soupe d'huile d'olive
> 1 gros oignon finement émincé
> 4 cives entières, nettoyées et hachées
> 2 gousses d'ail écrasées
> 600 g de courgettes nettoyées
> 4 tranches moyennes de pain grillées, sans la croûte
> 2 petits œufs
> 4 cuill. à soupe de farine avec levure incorporée
> 200 g de feta émiettée
> 100 g de parmesan, gruyère ou cheddar râpé
> 1 cuill. à soupe d'origan
> 3 cuill. à soupe de menthe fraîche hachée ou 1 cuill. à soupe de menthe séchée
> 5-6 cuill. à soupe d'huile d'olive
> poivre du moulin

Dans une poêle, chauffez l'huile d'olive et faites fondre doucement l'oignon et les cives pendant 20 minutes. Ajoutez l'ail, faites revenir 1 minute et ôtez la poêle du feu. Laissez légèrement refroidir.

Râpez grossièrement les courgettes, mettez-les dans une passoire pendant 30 minutes pour leur faire perdre leur eau.

Dans un mixeur, réduisez le pain en miettes. Battez légèrement les œufs dans un bol. Pressez les courgettes avec les mains pour extraire un maximum d'eau (cette opération est importante). Mettez-les dans le bol, incorporez le mélange à l'oignon, 3 cuillerées à soupe de farine, la feta, le parmesan, l'origan, la menthe et du poivre. Mélangez avec une fourchette. La masse doit pouvoir se manipuler à la main, sinon, rajoutez de la farine.

Saupoudrez le reste de farine sur une feuille de papier sulfurisé. Prélevez une cuillerée du mélange, roulez-la dans la farine et formez une galette d'environ 5 cm de diamètre. Procédez ainsi pour toute la pâte. Les galettes sont plus faciles à manipuler lorsqu'elles sont bien enrobées de farine.

Avant de servir, chauffez l'huile d'olive dans une grande poêle antiadhésive et faites dorer les beignets pendant 3 minutes sur les deux faces. Égouttez sur du papier absorbant.

Le goût très particulier des gombos est apprécié dans la cuisine moyen-orientale. On les accompagne ou non de viande. Ce plat végétarien peut se préparer à l'avance et ne dépare pas sur une table de mezzé. Avec leur goût acidulé, les citrons verts séchés équilibrent la douceur des gombos.

Gombos au citron vert séché [Bamya]

POUR 6 PERSONNES

> 800 g de gombos frais
> 15 cl d'huile d'olive
> 1 gros oignon émincé
> 1 cuill. à café de coriandre en poudre
> 1/2 cuill. à café de quatre-épices
> 700 g de tomates fraîches coupées en tranches ou 400 g de tomates en boîte
> 2 citrons verts séchés
> 1/2 cuill. à café de sucre
> 2 cuill. à soupe de coriandre finement hachée
> sel et poivre du moulin

Avec un bon couteau, pelez le sommet conique des gombos. Couvrez-les d'eau dans un bol, puis égouttez-les. Manipulez-les délicatement.

Dans une casserole, chauffez l'huile d'olive et faites blondir l'oignon. Ajoutez la coriandre en poudre et le quatre-épices. Lorsque les parfums se dégagent, incorporez les tomates, les citrons verts, le sucre. Salez et poivrez. Faites cuire 10 minutes en pressant les citrons pour extraire le jus.

Ajoutez les gombos et de l'eau chaude sans les immerger complètement dans la sauce.

Laissez cuire à feu doux 30 minutes en secouant de temps en temps la casserole (ne remuez pas, les gombos sont fragiles). Parsemez de coriandre hachée et laissez frémir 5 à 10 minutes.

Servez chaud ou à température ambiante.

Les *dolmathes* faites au printemps avec des feuilles de vigne fraîches ont un goût inimitable. Il en existe plusieurs versions, certaines avec de la viande, mais les puristes les préfèrent aux légumes.

Feuilles de vigne farcies [Dolmathes]

POUR 50 PIÈCES

> 55 feuilles de vigne fraîches + pour garnir (facultatif) ou 225 g de feuilles en conserve
> 4 cuill. à soupe d'huile d'olive
> 45 cl d'eau chaude

Pour la farce

> jus de 1 citron filtré
> 150 g de riz long rincé
> 2 gros oignons finement hachés
> 5 oignons nouveaux entiers, nettoyés et finement émincées
> 4 cuill. à soupe d'aneth finement haché
> 2 cuill. à soupe de menthe finement hachée
> 2 cuill. à soupe de persil plat finement haché
> 5 cuill. à soupe d'huile d'olive
> sel et poivre du moulin

Dans une grande quantité d'eau bouillante, faites blanchir les feuilles de vigne 1 ou 2 minutes, par 5 ou 6 à la fois. Enlevez-les avec une écumoire et égouttez-les dans une passoire. Elles doivent rester fermes. Les feuilles de vigne en conserve sont salées : rincez-les et laissez tremper 3 à 5 minutes dans un bol d'eau chaude. Rincez-les à nouveau et laissez égoutter.

Pour la farce, versez la moitié du jus de citron dans un saladier. Ajoutez le riz, les deux sortes d'oignon, l'aneth, la menthe, le persil et l'huile d'olive. Salez, poivrez et mélangez bien.

Tapissez le fond d'une casserole de 4 ou 5 feuilles de vigne. Placez une feuille, nervures vers le haut, sur une planche (attention, les feuilles sont fragiles). Déposez 1 grosse cuillerée à café de farce du côté de la tige, rabattez la feuille sur la farce et roulez en serrant bien. Faites de même pour toutes les feuilles.

Placez les petits farcis en cercles serrés dans la casserole, partie rabattue vers le bas. Arrosez d'huile d'olive et du reste de jus de citron. Posez dessus une assiette à l'envers pour les empêcher de s'ouvrir pendant la cuisson. Versez l'eau chaude, couvrez et laissez mijoter doucement pendant 50 minutes.

Servez chaud ou à température ambiante sur un plat garni de feuilles de vigne fraîches (le cas échéant).

Le *yiouvetsi* est un plat à four traditionnel en terre émaillée qui a donné son nom à de nombreuses préparations à travers la Grèce. Le *yiouvetsaki* en est une version simplifiée.

Crevettes aux tomates et à la feta

[Garithes yiouvetsaki]

POUR 6 PERSONNES

> 4 cuill. à soupe d'huile d'olive
> 1 oignon finement haché
> 1 poivron rouge épépiné et haché
> 500 g de tomates mondées et grossièrement concassées
> 1 bonne pincée de sucre
> 1/2 cuill. à café d'origan
> 500 g de grosses crevettes ou de gambas
> 3 cuill. à soupe de persil plat finement haché
> 125 g de feta en cubes
> sel et poivre du moulin

Dans une poêle, chauffez l'huile d'olive et faites fondre l'oignon. Ajoutez le poivron et laissez cuire 2 ou 3 minutes.

Incorporez les tomates, le sucre et l'origan. Salez, poivrez et laissez cuire 10 à 15 minutes pour faire épaissir la sauce.

Préchauffez le four à 180 °C (therm. 6).

Ajoutez les crevettes, le persil et la moitié de la feta dans la poêle. Versez dans un plat allant au four et saupoudrez des dés de feta restants. et enfournez pendant 30 minutes. Servez chaud ou à température ambiante.

Vous trouverez ce plat de carême pendant les semaines précédant la Pâque orthodoxe, particulièrement dans les îles grecques. Il existe aussi des risottos, des pâtes ou des pommes de terre aux calmars et des calmars farcis. Ce plat est meilleur servi à température ambiante et convient parfaitement en mezzé. Accompagnez-le de *taramosalata* (recette page 10) ou de *fava* (recette page 34).

Calmars aux épinards [Kalamatakia me horta]

POUR 6 PERSONNES

> 1 kg de calmars ou de seiches
> 4-5 cuill. à soupe d'huile d'olive
> 1 gros oignon émincé
> 2 gousses d'ail écrasées
> 5 cuill. à soupe de vin blanc
> 15 cl d'eau chaude
> 750 g d'épinards nettoyés, lavés et égouttés
> 1 petit bouquet d'aneth grossièrement haché
> sel et poivre du moulin

Nettoyez les calmars : coupez les têtes, ouvrez les poches, videz-les et supprimez leur peau extérieure en conservant les nageoires. Coupez les têtes en deux sous les yeux et gardez les tentacules. Jetez les têtes et les becs. Rincez les calmars, surtout les tentacules, et égouttez.

Coupez les poches en deux verticalement, puis horizontalement en lanières de 3 cm de long. Coupez les tentacules en 2 ou 3 morceaux plus petits.

Dans une casserole, chauffez l'huile d'olive et faites fondre l'oignon. Augmentez le feu, ajoutez les calmars et l'ail. Remuez pour faire évaporer toute l'eau et laissez dorer 10 à 15 minutes.

Versez le vin et laissez frémir doucement quelques minutes. Ajoutez l'eau, salez, poivrez et faites cuire 30 minutes en remuant de temps en temps pour que les calmars n'attachent pas.

Séchez les épinards dans une serviette, hachez-les grossièrement et ajoutez-les aux calmars en remuant. Couvrez, laissez cuire 15 minutes, puis ajoutez l'aneth. Servez aussitôt.

Les moules sont une spécialité de Thessalonique. Vous trouverez cette version dans les petits *mezethopolia* (restaurants de mezzé) au marché de Modiano ou sur les terrasses de Lathathika, dans la vieille ville. Les moules sont élevées sur place et sont visibles dans la mer d'un bleu limpide. Vous pouvez les acheter dans leur coquille ou déjà décortiquées, selon votre préférence.

Moules au safran et au citron

[Midia saganaki me zafora]

POUR 4-6 PERSONNES

> 1,5 kg de moules
> 5 cuill. à soupe de vin blanc sec
> 4-5 cuill. à soupe d'huile d'olive
> 1 oignon finement haché
> 1 gousse d'ail hachée
> 1 poivron vert épépiné et haché
> jus de 1/2 citron
> 1/2 cuill. à café de moutarde
> 1 bonne pincée de safran trempée dans un peu d'eau chaude
> 2 cuill. à soupe de persil plat finement haché
> poivre noir du moulin

Grattez les moules, ébarbez-les, supprimez celles qui sont cassées ou qui ne se referment pas lorsqu'on les tape sur le plan de travail. Rincez-les et égouttez-les dans une passoire.

Versez les moules dans une casserole, ajoutez le vin et autant d'eau. Faites-les cuire à couvert, à feu moyen, 6 ou 7 minutes en secouant la casserole pour les ouvrir toutes. Retirez-les avec une écumoire et versez dans une passoire placée sur un bol pour récupérer le liquide de cuisson. Jetez les moules fermées. Déposez les moules dans un plat et couvrez de film étirable. Versez le liquide de cuisson dans la casserole et laissez reposer.

Dans une poêle, chauffez l'huile d'olive et faites fondre l'oignon. Ajoutez l'ail, le poivron et poivrez. Laissez cuire 3 ou 4 minutes. Versez le liquide de cuisson des moules en veillant à laisser les sédiments qui se sont déposés au fond. Vous pouvez aussi le filtrer à travers une mousseline.

Incorporez le jus de citron, la moutarde, le safran et laissez réduire 15 minutes à petits frémissements. Ajoutez les moules, poivrez généreusement. Laissez mijoter 5 minutes. Saupoudrez de persil et servez chaud.

L'été, en Grèce, le thon cuit au barbecue embaume les mezzé. Lorsque les bateaux rentrent de la pêche, les restaurants apprêtent les poissons frais et brillants en savoureux *souvlaki*. Servez les brochettes avec du *tzatziki* ou du *tarator* (recettes page 14) et avec une bonne salade comme la *horiatiki salata* (recette page 16).

Brochettes de thon [Tonos souvlaki]

POUR 6 PERSONNES

> 600 g de gros steaks de thon en cubes de 5 cm de côté
> 2-3 petits oignons rouges coupés en quartiers
> 2-3 poivrons de plusieurs couleurs, épépinés et coupés en 8 morceaux
> 5-6 brins de persil

Pour la marinade

> 3 cuill. à soupe d'huile d'olive
> jus de 1 citron
> 2 gousses d'ail écrasées
> 1 piment vert épépiné et finement haché
> 1 cuill. à soupe d'origan
> 1 cuill. à café de thym
> 1 poignée de persil finement haché
> sel et poivre du moulin

> 6 brochettes en métal

Pour la marinade, réunissez dans un saladier l'huile d'olive, le jus de citron, l'ail, le piment, l'origan, le thym, le persil, du sel et du poivre, et battez pour mélanger. Ajoutez les cubes de thon et enrobez-les bien de marinade. Couvrez de film étirable et laissez reposer au réfrigérateur entre 2 et 3 heures, en retournant le poisson de temps à autre.

Séparez les quartiers d'oignon en 2 ou 3 morceaux, selon leur taille. Sortez les cubes de thon de la marinade. Enfilez les brochettes dans l'ordre suivant : poivron, thon et oignon, jusqu'à remplir la brochette et en finissant par du poivron.

Faites griller les brochettes au barbecue 5 à 7 minutes sur chaque côté, selon la chaleur du feu. Arrosez de marinade pendant la cuisson. Vous pouvez aussi les cuire 6 à 8 minutes sous le gril du four (à 10 cm de la source de chaleur). Attention, le thon devient sec lorsqu'il est trop cuit.

Pendant ce temps, versez le reste de marinade dans une casserole, portez à ébullition et laissez cuire 2 ou 3 minutes. Disposez les brochettes dans un plat, garnissez avec les brins de persil et arrosez de la marinade chaude.

Brochettes de poulet épicées [Dajaj meshwi]

POUR 6 PERSONNES

> 750 g de poulet désossé et coupé en gros cubes
> 2 petits oignons rouges coupés en quartiers
> 2 poivrons rouges ou jaunes, épépinés et coupés en 8 morceaux

Pour la marinade

> 4 cuill. à soupe d'huile d'olive
> jus de 1 citron
> 3 gousses d'ail écrasées
> 1 cuill. à café de cumin en poudre
> 1/2 cuill. à café de quatre-épices
> 1/2 cuill. à café de sumac en poudre
> sel et poivre du moulin

En accompagnement

> 6 petits pains pita
> 2 cuill. à soupe de persil haché

> 6 brochettes en métal

Pour la marinade, réunissez tous les ingrédients dans un saladier et battez pour mélanger. Ajoutez les cubes de poulet et remuez pour les enrober. Couvrez et laissez reposer 6 heures au réfrigérateur.

Séparez les oignons en 2 ou 3 morceaux. Enfilez les brochettes dans l'ordre suivant : poulet, oignon et poivron, jusqu'à remplir la brochette. Faites dorer les brochettes au barbecue entre 8 et 10 minutes sur chaque face. Retournez-les souvent. Vous pouvez aussi les cuire 12 à 15 minutes sous le gril du four (à 10 cm de la source de chaleur).

Fendez les pains pita sur un côté et faites-les chauffer au barbecue ou sous le gril. Vous pouvez remplir les pita de poulet, poivron et oignon retirés des brochettes, ou les poser chauds sur un plat et répartir la viande et les légumes dessus. Saupoudrez de persil et servez aussitôt.

Accompagnez le poulet épicé avec du *tzatziki* ou du *tarator* (recettes page 14) et des salades comme le taboulé libanais (recette page 18).

Brochettes d'agneau [Lahem Meshwi]

Ajoutez 1 cuillerée à café de coriandre en poudre et 3 cuillerées de yaourt à la marinade, omettez le sumac. Remplacez le poulet par 1 kg d'agneau désossé (de préférence du gigot), coupé en dés de 4 cm de côté.

Faites cuire les brochettes au barbecue 20 à 30 minutes (ou 10 à 12 minutes sous le gril) en les retournant souvent. Retirez la viande des brochettes et servez parsemé d'oignon rouge émincé et saupoudré de 1 cuillerée à café de sumac. Accompagnez de pain pita chaud.

Le kibbeh possède un statut quasi mythique dans la cuisine libanaise. Avant l'apparition des mixeurs, il nécessitait des heures de préparation et n'était servi qu'à l'occasion de fêtes ou d'événements particuliers, accompagné de *tzatziki* (recette page 14) et de salades variées.

Kibbeh au four [Kibbeh bil-saniyeh]

POUR 12 PIÈCES

Pour la farce

> 2 gros oignons finement émincés
> 3 cuill. à soupe d'huile d'olive
> 600 g d'agneau haché
> 1 cuill. à café de quatre-épices
> 1 cuill. à café de cannelle en poudre
> 2 cuill. à soupe de sirop de grenade ou 2 cuill. à soupe de jus de citron
> 15 cl d'eau chaude
> 3-4 cuill. à soupe de pignons de pin grillés à sec dans une poêle
> 4 cuill. à soupe de persil haché
> sel et poivre du moulin

Pour le kibbeh

> 225 g de boulgour fin
> 1 gros oignon
> 500 g d'agneau ou de bœuf finement haché
> 1 cuill. à café de quatre-épices
> 1 cuill. à café de cannelle en poudre
> 100 g de beurre en dés
> sel et poivre du moulin

> un plat à four de 30 x 24 x 5 cm généreusement badigeonné avec 50 g de beurre

Pour la farce, faites blondir les oignons dans l'huile d'olive. Augmentez le feu, ajoutez l'agneau et faites revenir 10 à 12 minutes. Incorporez le quatre-épices et la cannelle, et faites encore revenir 2 ou 3 minutes. Salez, poivrez, versez le sirop de grenade et l'eau. Couvrez et laissez frémir 30 minutes. Ôtez du feu et incorporez les pignons de pin et le persil.

Faites tremper le boulgour 10 minutes dans de l'eau froide. Changez l'eau et laissez encore tremper 5 minutes. Égouttez.

Hachez finement l'oignon dans un mixeur. Ajoutez l'agneau, le quatre-épices, la cannelle, du sel et du poivre, et réduisez en pâte lisse. Mettez dans un bol et ajoutez le boulgour. Posez à côté de vous un bol d'eau froide avec des glaçons. Humidifiez vos mains dans l'eau et pétrissez le mélange quelques minutes. Divisez-le en deux. Préchauffez le four à 180 °C (therm. 6).

Humidifiez vos mains, prenez une grosse noix de kibbeh, aplatissez-la et déposez-la au fond du plat. Continuez jusqu'à recouvrir le fond du plat sur environ 1 cm d'épaisseur.

Étalez la farce régulièrement sur le kibbeh et recouvrez d'une seconde couche de kibbeh. Avec un couteau pointu, dessinez sur chaque portion un losange, un rectangle ou un carré. Parsemez de beurre.

Enfournez pendant 20 à 30 minutes (attention, trop cuit, le kibbeh devient sec). Passez un couteau le long des bords, puis découpez les portions et déposez-les délicatement dans un plat. Servez chaud ou à température ambiante.

Ces boulettes à la texture moelleuse et à la saveur épicée sont un classique de la cuisine libanaise. Idéalement, la viande est hachée deux fois, mais elle n'acquiert son onctuosité si particulière qu'à force de pétrissage. Le sirop de grenade apporte une note parfumée et originale.

Boulettes de viande aux pignons de pin

[Daoud pasha]

POUR ENVIRON 20 PIÈCES

> 1 gros oignon
> 700 g de bœuf haché ou un mélange de bœuf et d'agneau
> 2 gousses d'ail écrasées
> 1 œuf légèrement battu
> 1 cuill. à café de cumin en poudre
> 1/2 cuill. à café de quatre-épices
> 1 pincée de cannelle
> 3 cuill. à soupe de coriandre hachée
> 3 cuill. à soupe d'huile d'olive ou d'arachide
> sel et poivre du moulin

Pour la sauce

> 6 cuill. à soupe d'huile d'olive ou d'arachide
> 1 gros oignon finement émincé
> 1 cuill. à café de farine
> 1/2 cuill. à café de quatre-épices
> 1/2 cuill. à café de coriandre en poudre
> 2 cuill. à soupe de sirop de grenade ou le jus de 1/2 citron
> 20 cl d'eau chaude

En accompagnement

> 3 cuill. à soupe de pignons de pin grillés à sec dans une poêle
> pain pita

Dans un mixeur, hachez grossièrement l'oignon. Ajoutez le bœuf, l'ail, l'œuf, le cumin, le quatre-épices, la cannelle, du sel et du poivre, puis réduisez en masse lisse. Ajoutez la coriandre et mettez brièvement en marche. Transférez dans un bol. Avec une cuillère, prélevez un peu du mélange et formez des boulettes de la taille d'une noix. Réservez.

Chauffez l'huile dans une poêle antiadhésive et faites frire les boulettes en les faisant dorer de toutes parts.

Pendant ce temps, faites la sauce. Chauffez l'huile dans une casserole et faites fondre l'oignon. Saupoudrez de farine, de quatre-épices, de coriandre, salez, poivrez et faites revenir 2 ou 3 minutes. Versez le sirop de grenadine et l'eau et laissez frémir 10 minutes à couvert.

Ajoutez les boulettes, remuez pour les enrober de sauce. Laissez encore frémir 10 minutes à couvert en secouant de temps en temps la casserole pour éviter qu'elles n'attachent.

Parsemez de pignons de pin et servez chaud avec le pain pita.

En Grèce, les *keftethes* sont présents à tous les repas de fête. Traditionnellement, ils sont de la taille d'une noix, mais il n'existe aucune règle et chacun fait à son goût.

Boulettes de viande poêlées [Keftethes]

POUR ENVIRON 15 PIÈCES

> 3 tranches moyennes de pain, sans la croûte, trempées dans de l'eau
> 500 g de bœuf ou d'agneau haché
> 1 cuill. à soupe de jus de citron ou de vin blanc
> 1 oignon râpé
> 1 œuf légèrement battu
> 1 cuill. à soupe d'origan
> 1 petit bouquet de menthe hachée
> 5 cuill. à soupe de farine
> 4-5 cuill. à soupe d'huile de tournesol
> sel et poivre du moulin

Égouttez le pain, pressez-le pour éliminer l'excédent d'eau et mettez-le dans un saladier. Ajoutez le bœuf, le jus de citron, l'oignon, l'œuf, l'origan, la menthe, salez et poivrez. Mélangez intimement avec vos doigts.

Saupoudrez le plan de travail de farine. Formez des boulettes de la taille d'une noix et roulez-les légèrement dans la farine. Pour les repas quotidiens, et pour aller plus vite, formez des galettes un peu plus grosses.

Chauffez l'huile de tournesol dans une poêle antiadhésive et faites dorer les boulettes de toutes parts. Retirez la poêle du feu et posez les *keftethes* sur du papier absorbant. Servez aussitôt.

Les coings sont de très beaux fruits. Impossible de résister à leur belle couleur dorée et à leur parfum si enivrant. En automne, on les trouve en Grèce sur tous les marchés et dans tous les restaurants. On peut les cuire entiers au four et les servir avec de la crème Chantilly, en faire de la confiture ou les ajouter aux plats de viande.

Porc aux coings [Hirino me kythonia]

POUR 6 PERSONNES

- 3 cuill. à soupe d'huile d'olive
- 6 tranches de filet de porc (environ 1 kg)
- jus de 1 citron
- 45 cl d'eau chaude
- 2 coings (environ 750 g)
- 4-5 cuill. à soupe d'huile de tournesol
- 2 cuill. à soupe de cassonade
- 1/4 de cuill. à café de cannelle en poudre
- sel

Chauffez l'huile d'olive dans une sauteuse et faites dorer les tranches de porc sur les deux faces. Baissez le feu, versez la moitié du jus de citron sur la viande et laissez réduire 2 ou 3 minutes. Ajoutez l'eau chaude et laissez frémir 30 minutes à couvert. Salez légèrement en fin de cuisson.

Pendant ce temps, remplissez un saladier d'eau froide, ajoutez le reste de jus de citron. Coupez les coings en quartiers, pelez-les et nettoyez-les. Mettez-les aussitôt dans l'eau citronnée pour les empêcher de perdre leur couleur.

Égouttez les coings, essuyez-les. Coupez les quartiers en deux verticalement. Chauffez l'huile de tournesol dans une poêle et faites dorer les tranches de coing de 15 à 20 minutes, à feu doux, sur chaque face. Répartissez-les sur la viande.

Saupoudrez de cassonade et de cannelle, versez un peu d'eau chaude sans complètement recouvrir les coings. Secouez la sauteuse pour mélanger les ingrédients. Laissez mijoter à couvert pendant 45 minutes en secouant de temps en temps (ne remuez pas pour ne pas désagréger les fruits). Servez chaud.

TABLE DES ÉQUIVALENCES FRANCE-CANADA

POIDS

55 g	2 onces	200 g	7 onces	500 g	17 onces
100 g	3 onces	250 g	9 onces	750 g	26 onces
150 g	5 onces	300 g	10 onces	1 kg	35 onces

Ces équivalences permettent de calculer, à quelques grammes près, le poids (en réalité, 1 once = 28 g).

CAPACITÉS

25 cl	1 tasse	75 cl	3 tasses
50 cl	2 tasses	1 l	4 tasses

Pour faciliter la mesure des capacités, une tasse équivaut ici à 25 cl (en réalité, 1 tasse = 8 onces = 23 cl).

Édition originale

Cet ouvrage a été publié pour la première fois en 2006 sous le titre *Meze* par Ryland Peters & Small Ltd
20-21 Jockey's Fields, London WC1R 4BW

Conception Steve Painter
Responsable d'édition Elsa Petersen-Schepelern
Édition Rachel Lawrence
Réalisation Gavin Bradshaw et Gemma Moules
Direction artistique Anne-Marie Bulat
Direction d'édition Julia Charles
Direction de la publication Alison Starling
Photographies Peter Cassidy
Stylisme culinaire Linda Tubby
Stylisme des objets Róisín Nield

Édition française

Coordination éditoriale Ewa Lochet,
avec la collaboration de Laurence Alvado
Traduction Irène Lassus
Direction artistique Emmanuel Chaspoul
Mise en page Bénédicte Chantalou, Yuruga
Couverture Véronique Laporte
Fabrication Annie Botrel

ISBN : 978-2-03-583540-6

Imprimé en Espagne par Graficas Estella, Estella
Dépôt légal : mars 2008 – 301709/02 – 11008332 novembre 2008